AF546433

Manfred Schwarz

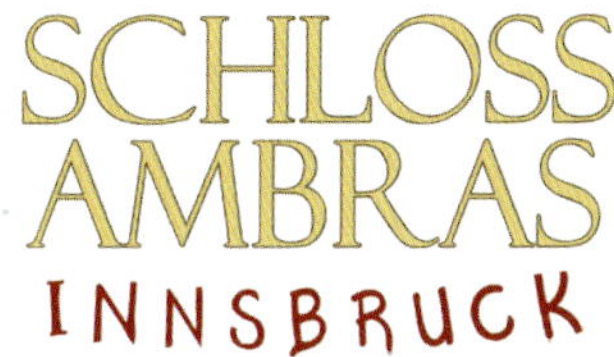

Mit Rätseln, Fragen und Ideen für dich und deine Familie, deine Freundinnen, Freunde und deine Klasse.

In den blauen Sprechblasen sind Fragen und Ideen für dich und deine Familie, deine Freundinnen, Freunde und deine Klasse.

In den gelben Sprechblasen findest du Rätsel, die du im Schloss Ambras lösen kannst.

Die Überraschung

Das findest du im Buch

Bibliografische Information der Deutschen Nationalbibliothek
Die Deutsche Nationalbibliothek verzeichnet diese Publikation
in der Deutschen Nationalbibliografie;
detaillierte bibliografische Daten sind im Internet
unter http://dnb.d-nb.de abrufbar.

SCHLOSS
AMBRAS
INNSBRUCK

Neue Rechtschreibung 2006

Umschlagentwurf: Lukas Vogl

Lektorat: Verena Zankl

Druck und Bindung: Finidr, s.r.o. Český Těšín, Tschechien

ISBN 978-3-99128-978-3-99128-100-9

www.obelisk-verlag.at

Manfred Schwarz

Entdecke mit Anna, David und Onkel Manni

Mit Zeichnungen von Lukas Vogl

Obelisk-Verlag

„Onkel Manni, Onkel Manni!“, jubeln Anna und David und laufen auf Manfred zu.

„Endlich bist du wieder da“, freuen sich die beiden Geschwister und umarmen ihren Onkel fest.

„Schön, dass wir uns wiedersehen“, strahlt auch Manfred, „mein letzter Besuch bei euch ist schon viel zu lange her.“

Anna kann es kaum erwarten und kommt schnell zur Sache: „Erzählst du uns wieder eine spannende Geschichte?“

„Gerne“, sagt Manfred. „Was meint ihr? Wir könnten ein Eis holen und uns in euren Garten setzen. Ich habe eine Überraschung für euch.“

Eine Überraschung? Da gilt es, keine Zeit zu verlieren.

Die drei schnappen sich ihre Erfrischung in der Küche und machen es sich im Freien gemütlich.

„Was hast du für uns?“, möchte David wissen, während er an seinem Schokoladeneis schleckt.

„Mach es nicht so spannend“, ist auch Anna schon ungeduldig.

Es spannend machen, ja das mag Manfred ganz besonders.

Bevor die Kinder vor lauter Neugierde platzen,

lüftet ihr Onkel das Geheimnis: „Ich möchte mit euch ein Museum besuchen."

„Cool! Wohin gehen wir? Wer kommt mit? Wie viel Geld brauche ich?" Anna ist schon startklar.

„Moment", bremst Manfred seine Nichte, „es wird noch besser. Ihr wisst ja, dass ich gerne in Museen Führungen für Kinder mache."

„Ja, du bist ein Zeitreiseführer", sagt das Mädchen.

„Danke, Anna." Manfred ist geschmeichelt. „Ich möchte, dass noch viel mehr Kinder erleben können, wie spannend ein Museum ist. Deshalb habe ich vor, ein Kinderbuch zu schreiben."

„Oh, wie schön", findet David.

„Und dafür brauche ich euch."

„Wozu brauchst du da uns?", fragt Anna nach.

„Im Buch werden zwei Kinder mit ihrem Onkel ein Museum besuchen und jede Menge Schätze entdecken. Und ratet mal, wer die drei sein werden?"

Die Kinder grübeln und grübeln. Dann fällt David sein Kinn fast auf den Boden: „Was? Etwa wir?"

„Genau", grinst Manfred breit.

„Ich werde berühmt!", springt Anna in die Luft.

Auch David ist sehr aufgeregt. „Und was müssen wir da machen?", will er wissen.

„Wir könnten uns zunächst vorstellen“, schlägt Manfred vor.

Manfred überlegt mit Anna und David, wie das Buch sein sollte, damit es Kinder gerne lesen und eine Freude damit haben.

Name	**Anna**	**David**	**Manfred**
Alter	10	11	38
Charakter	frech neugierig	geduldig	ruhig gut gelaunt
Lieblingsfarbe	Blau	Rot	Grün
Das mag ich	Tanzen Tiere Limonade	Comics Eis Filme	Natur Schreiben Essen

Wer aus der Vergangenheit möchtest du gerne einmal sein? Was würdest du alles machen?

„Unser Buch sollte viele Fotos und Zeichnungen haben“, schlägt David vor. „Und lustig soll es sein.“

„Und Rätsel braucht es auch“, ergänzt Anna.

„Das sind wichtige Dinge“, stimmt Manfred zu. „Ich würde auch gerne Fragen und Ideen einbauen, die immer wieder aufs Neue beantwortet und umgesetzt werden können. Ein Beispiel ist die Frage, wer man gerne einmal von früher sein möchte. Anna, du hast mir mal gesagt, dass dir eine Königin sehr gefallen würde.“

„Ja“, bestätigt das Mädchen und stellt klar: „Aber König brauche ich keinen, ich schmeiß den Laden allein.“

„So ein Ritter, das wäre schon was“, fängt David an zu schwärmen.

„Und du bist unser Diener, Onkel Manni“, kichert Anna.

„Na toll“, murmelt Manfred ein wenig unzufrieden. „Königin, Ritter und Diener passen aber auf jeden Fall gut zum Museum, das wir besuchen werden“, gibt er dennoch zu.

„Wie heißt das Museum?“, möchte David wissen.

„Schloss Ambras in Innsbruck. Dort gibt es Rüstungen, Riesen, Zwerge, Haifische, Pfauen, und spuken soll es auch."

Die Kinder bekommen große Augen.

Manfred kramt in seinem Rucksack und holt ein Foto hervor.

„Wow", staunt David. „Was bedeutet das, was hier steht?"

„Das sind die Stationen, die wir der Reihe nach besichtigen werden", erklärt Manfred.

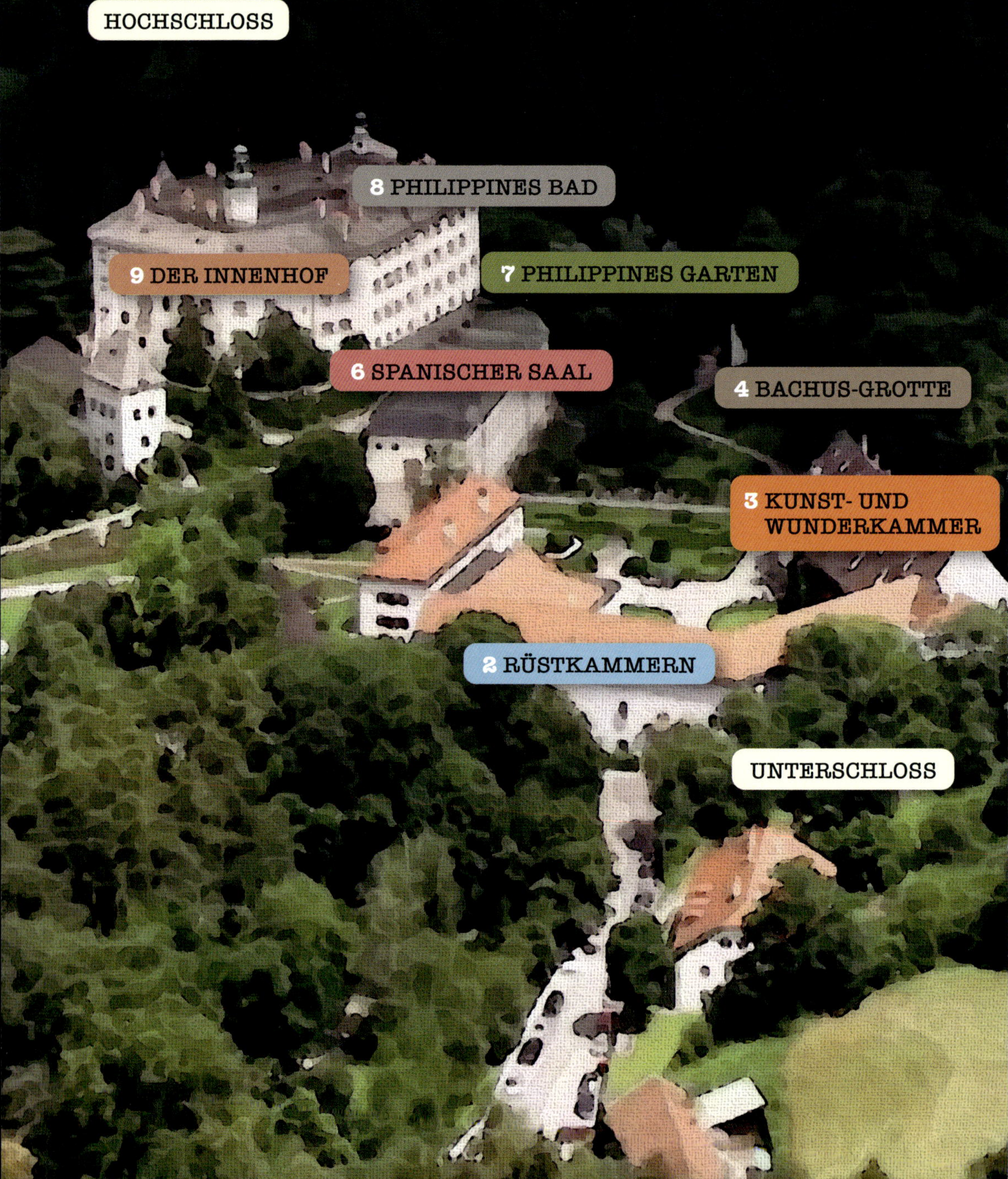
HOCHSCHLOSS
8 PHILIPPINES BAD
9 DER INNENHOF
7 PHILIPPINES GARTEN
6 SPANISCHER SAAL
4 BACHUS-GROTTE
3 KUNST- UND WUNDERKAMMER
2 RÜSTKAMMERN
UNTERSCHLOSS

„Wer ist Philippine?“, möchte Anna wissen.

„Und was ist die Kunst- und Wunderkammer?“, fragt David.

„Das Schloss hat Erzherzog Ferdinand II. vor über 400 Jahren für seine Frau Philippine bauen lassen“, beginnt Manfred. „Ferdinand hat damals als Landesfürst in Tirol regiert. Er war also der Chef im Land. Er und seine Frau Philippine mussten ihre Ehe und ihre Kinder lange geheim halten. Philippine war keine Adelige, deshalb durfte Ferdinand sie nicht heiraten. Sie haben es aber trotzdem getan.“

Manfred zeigt auf die Stationen 2 und 3: „Ferdinand hat viele Schätze aus der ganzen Welt gesammelt. Er hat extra das Unterschloss errichten lassen, um sie dort auszustellen und seinen Gästen zu zeigen.“

„Damit hat er sicher ordentlich angegeben“, vermutet David.

„Ja, das kann sein“, schmunzelt Manfred, der wieder ein Bild bereit hat. „So hat Ferdinand mit ungefähr 30 Jahren ausgesehen.“

„Sein Gewand gefällt mir“, sagt David und sieht sich genauer an, was Ferdinand trägt.

Anna blickt zum Oberarm des Erzherzogs und vergleicht ihn mit dem ihres Onkels. „Er hat viel mehr Muskeln als du, Onkel Manni“, stellt sie fest.

„Äh, ja“, erkennt auch Manfred. „Er hat sicher oft trainiert und deshalb ordentlich Muckis.“

„Diese Kleidung würde dir gut stehen“, scherzt David.

„So ein Kostüm habe ich schon einmal getragen, als ich auf dem Ambraser Schlossfest gearbeitet habe“, erzählt Manfred.

„Das hat sicher lustig ausgesehen.“

„Es hat sehr viel Spaß gemacht. Das Kostüm hat aber manchmal gejuckt. Vom Fest erzähle ich euch mehr, wenn wir im Schloss sind.“

„Wie hat eigentlich Philippine ausgesehen?“, fragt Anna.

Manfred zieht wieder ein Bild aus dem Rucksack. „Hier ist sie in etwa gleich alt wie Ferdinand.“

„Philippine ist sehr schön“, strahlt Anna.

„Früher war es üblich, Porträts zu malen, die die Personen nobel zeigten“, berichtet Manfred.

In 400 Jahren sehen sich zwei Kinder und ihr Onkel ein Bild von dir an. Wie reagieren sie wohl darauf? Was machst du auf dem Bild? Wo bist du? Was hast du an? Wie alt bist du?

„Wie würden Philippine oder Ferdinand wohl aussehen, wenn sie gerade erst aufgewacht sind oder wenn sie Bauchweh haben?“

„Oh nein, das hatte ich gestern“, verzieht Anna ihr Gesicht.

„Oje.“ Manfred hat Mitleid. „Stell dir vor, es gäbe ein Foto von dir.“

„Sicher nicht“, lehnt Anna klar ab.

„Deshalb sind die Menschen auf den Gemälden oft sehr schön dargestellt, um sich immer positiv an sie zu erinnern“, erklärt Manfred und fährt fort. „Philippine und Ferdinand hatten vier Kinder: Andreas, Karl, Philipp und Maria. Die Zwillinge Philipp und Maria sind leider als Babys verstorben. Von Karl und Andreas kann ich euch aber ein interessantes Bild zeigen.“

CAROLVS

„Links ist der dreijährige Karl und rechts der fünfjährige Andreas in einem sehr modischen Auftritt.“

„Die Hosen und die Dinger am Hals sind witzig“, findet David.

„Ihre Eltern haben damals im heutigen Tschechien gelebt. Niemand durfte erfahren, dass sie die Söhne von Philippine und Ferdinand waren. Kurz nach ihrer Geburt wurden die Buben vor das Schlosstor gelegt, um sie als Findelkinder aufnehmen zu können.“

„Die Armen.“ David fühlt mit ihnen. „Lachen sie deshalb nicht auf dem Bild?“

„Schaut noch mal auf ihre Eltern.“

„Auch die lachen nicht“, erkennt Anna. „Vielleicht wollten sie alle ihre Zähne verstecken?“

Manfred beginnt, wild den Mund zu verziehen: „Also ich zeige meine Beißer gerne her.“

Den Spaß lassen sich die Kinder nicht entgehen und ziehen gemeinsam mit ihrem Onkel Grimassen um die Wette.

Manfred, David und Anna genießen ihr Zusammensein noch bis in den Abend hinein. Schon am nächsten Tag soll ihr Abenteuer losgehen: Schloss Ambras.

Der Schlosspark
Station 1

Durch das große Eingangstor gelangen die drei in den Park.

Manfred sieht zum langen Weg und fordert die Kinder auf: „Wer zuerst bei der Wegkreuzung ist!“

Und schon laufen die drei los.

Anna erreicht als Erste das Ziel.

Nachdem Manfred und David angekommen sind, blicken die drei zum großen Teich. Die Kinder freuen sich über die Enten und Fische.

„Wir werden auch einige Pfauen sehen“, erzählt Manfred. „Früher haben Pfauen in vielen Schlossparks gelebt. Sie galten als edel, deshalb wollten sie die Herrscher bei sich haben. Es gab Gehege mit Hirschen, Rehen und Wildschweinen, Vogelhäuser und große Partys. Am 15. August steigt jedes Jahr das Ambraser Schlossfest. Da geht's rund, ich sag's euch. Es gibt bunte Kostüme, fröhliche Musik, flotte Tänze und viele Marktstände.“

Das gefällt den Kindern sehr.

„Gehen wir da mal hin?“, fragt David.

„Sehr gern“, antwortet Manfred.

Die drei haben es sich inzwischen auf der Liegewiese gemütlich gemacht. Sie stellen sich das

Leben im Schloss vor, als Ferdinand, Philippine, Andreas und Karl dort wohnten.

„Vieles von heute existierte noch nicht“, macht Manfred den Kindern bewusst, „zum Beispiel Pommes und Cola.“

„Und Computer und Smartphones“, ergänzt David.

„Wie konnten die Menschen nur überleben?“, schaut Anna ratlos drein.

Manfred erinnert sich daraufhin an etwas. Er hebt kleine Steine vom Boden auf, wirft sie mit einem „Ho!“ in die Luft und fängt sie mit einem „Hopp!“ wieder auf.

„Was machst du da?“, möchte David wissen.

„Das ist ein altes Spiel, bei dem es um Geschick geht“, klärt ihn Manfred auf. „Versucht es doch auch mal.“

Das lassen sich die Kinder nicht zweimal sagen.

Auch sie probieren das Spiel, bei dem zuerst ein, dann zwei, drei und vier Steinchen gleichzeitig in die Luft geworfen und wieder aufgefangen werden müssen. Fällt ein Stein auf den Boden, beginnt das Spiel wieder von vorne.

Nach ein paar gescheiterten Versuchen nehmen die Kinder ihren Onkel bei den Händen. „Komm mit uns!“, fordern sie ihn auf, endlich ins Schloss zu gehen.

„Gibt's hier dann unser Buch?“, fragt David, als sie durch den Shop gehen.

„Ja“, bestätigt Manfred stolz.

Nachher kauft er die Eintrittskarten. Dann drehen die drei das Rad der Zeit über 400 Jahre zurück und finden sich inmitten von Rittern wieder.

Welche Spiele sind schon sehr alt? Suche eines davon aus und spiele es.

Die Rüstkammern

Station 2

„Hier seht ihr Rüstungen, Waffen und Porträts von berühmten Personen“, erklärt Manfred den Kindern. „Ferdinands Sammlung von Rüstungen und Waffen war einmal eine der größten der Welt.“

Während Manfred weiter über die Rüstkammer erzählt, knarrt es plötzlich.

„Was ist das? Was ist das?“, will Anna sofort wissen.

„Wenn wir still sind, können wir lauschen“, flüstert ihr Onkel.

Die drei schleichen auf Zehenspitzen herum, um dem geheimnisvollen Geräusch auf die Spur zu kommen.

„Ah, jetzt weiß ich, wer das war … Das Schlossgespenst Bartlmä.“

Anna und David blicken misstrauisch zu ihrem Onkel. Ein Gespenst? Manfred will sie sicher reinlegen.

„Die Direktorin des Museums hat mir das erzählt“, schwört er. „Bartlmä ist aber ein freundliches Gespenst. Manchmal versteckt er sich in einer Rüstung und hustet, um die Besucherinnen und Besucher zu erschrecken. Seinen Namensgeber werden wir gleich sehen.“

David hat in der Zwischenzeit etwas entdeckt.

„Wieso ist da dieses Dingsda?", stupst er seinen Onkel an.

„Ah, du meinst den Zipfel?", lacht Manfred. „Das ist eine Schamkapsel. Das war damals die Mode der Zeit. Die Rüstung hat König Ludwig II. von Ungarn gehört, als er noch jung war. Von der Größe her würde sie dir als Ritter sogar gut passen, David."

„So eine Rüstung trage ich sicher nicht", stellt der Junge klar.

„Wie schwer ist eigentlich so etwas?", fragt Anna, für die die Rüstungen eher rostige Klapper-gestelle sind.

„Bis zu 35 Kilo."

„Ich wiege genau gleich viel", ist David erstaunt.

„Deshalb musste ein Ritter ordentlich trainieren. Das ist wohl auch der Grund, warum Ferdinand mehr Muskeln hat als ich", schmunzelt Manfred.

Dann zeigt er auf die Pferde und die Ritter im Saal. „Hier seht ihr Ausrüstungen von Turnieren, von denen es zwei Arten gab. Beim Rennen sollte der Schild des Gegners mit einer spitzen Lanze möglichst genau getroffen werden. Beim Stechen ging es darum, den anderen mit einer stumpfen Lanze vom Pferd zu werfen."

„Au", verzieht David sein Gesicht, „das hat sicher wehgetan."

„Ja, die Ritter mussten einiges aushalten. Wenn es nach mir ginge, hätte es ganz andere Wettkämpfe gegeben."

Wie groß war
der Riese Bartlmä?

David und Anna blicken staunend nach oben.

„Hier haben wir unser erstes Rätsel. Auf der Tafel könnt ihr lesen, wie groß die Puppe ist. Aber das schreiben wir nicht in das Buch."

„Dann müssen die Kinder es selber herausfinden", freuen sich Anna und David.

„Ganz genau", schmunzelt Manfred und erzählt weiter. „Die Rüstung hat Bartlmä Bon gehört, einem Bauer aus Riva am Gardasee."

„Er macht mir ein bisschen Angst", meint Anna, als sie ihre Hände mit denen der Puppe vergleicht.

„Ich hätte Bärtlma gerne einmal getroffen", sagt hingegen Manfred. „Er hätte mir viel von seiner Zeit erzählen können." Manfred versinkt in Gedanken, bis Anna ihn antippt und er ein wenig erschrickt.

Welche Person möchtest du einmal kennenlernen, die nicht mehr lebt? Was würdest du mit ihr unternehmen?

„Neben Bartlmä seht ihr Rüstungen von Andreas und Karl", erklärt er weiter, „den Kindern von Philippine und Ferdinand. Da sie nicht adelig waren, konnten sie nicht Fürst werden wie ihr Vater. Deshalb sollten sie hier aufgewertet werden."

„Die Rüstungen mit den Röcken gehörten auch ihnen?", fragt David ungläubig.

„Ja, auch das war die aktuelle Mode", bestätigt Manfred.

Damit reicht es David nun endgültig. Zuerst die Rüstung mit dem Zipfel und jetzt diese hier mit dem Rock. „Okay, vergesst es, ich will kein Ritter mehr werden. Ich suche mir einen anderen Job."

Manfred lacht über die Reaktion seines Neffen und beschreibt trotzdem die Ausbildung zum Ritter: „Ab sieben Jahren hast du als Page den Umgang mit einem Schwert, einer Lanze, einem Schild und einer Armbrust gelernt. Auch Singen und Spielen gehörten dazu und wie du dich richtig verhältst. Mit 14 warst du ein Knappe. Dann hast du einem Ritter beim Anziehen seiner Rüstung geholfen, seine Waffen geputzt und dich um sein Pferd gekümmert. Du hast auch Klettern, Schwimmen und Tanzen gelernt."

„Tanzen, wie schön", freut sich Anna, die es liebt zu tanzen.

„Mädchen konnten leider keine Ritter werden", klärt Manfred seine Nichte auf.

Das gefällt Anna gar nicht. Sie streckt ihre Zunge

zu den Rüstungen: „Blöde Ritter, dann bleibe ich halt Königin."

Manfred lacht wieder und fährt fort: „Mit 21 ist die Ausbildung zum Ritter abgeschlossen. Dann hat dich dein Herr zum Ritter geschlagen."

„Das kenne ich", erinnert sich David an einen Film, „er kniet nieder und mit dem Schwert wird seine Schulter berührt."

„Ist das nicht gefährlich?", meint Anna, die gerade auf das riesige Schwert von Bartlmä blickt.

„Ja, wenn jemand mit einem Schwert bei deinem Hals herumfuchtelt, dann sicher. Kommt, wir gehen weiter."

„Nicht schon wieder!"

Welche Tiere sind auf den Schultern von Ferdinands Hochzeitsrüstung zu sehen?

„Die Ritter hier stehen für ein Turnier bereit“, erklärt Manfred und ermahnt die beiden, stehen zu bleiben: „Vorsicht, innerhalb der Absperrungen gibt es einen Alarm. Den wollen wir nicht auslösen.“

David und Anna entdecken in der Mitte des Saals eine schöne Rüstung mit bunten Federn auf einem Pferd.

„Philippine ist vor Ferdinand gestorben“, fährt Manfred fort. „Er hat dann Anna Caterina Gonzaga geheiratet.“

„Oh, sie heißt wie ich“, freut sich Anna.

„Das ist die Rüstung, die Ferdinand bei der Hochzeit getragen hat. Stellt euch vor, Anna Caterina war seine Nichte. Das wäre so, als würde ich dich heiraten, Anna.“

„Was? Spinnst du?“, platzt es aus dem Mädchen heraus. „Ich bin erst zehn und du bist mein Onkel und schon alt.“

„Keine Sorge“, beruhigt Manfred seine Nichte. „Aber früher haben öfters enge Verwandte geheiratet, wenn sie zu reichen Familien gehörten. Damit stieg ihre Macht.“

Anna runzelt noch immer die Stirn.

„Kommt, auf uns wartet der nächste Saal. Dort geht es hoch in den Himmel."

„Wow, was ist das?", fragt der nach oben gestreckte David.

„Das ist eine riesige Malerei, die sich im alten Speisesaal befand. Den gibt es heute nicht mehr", klärt Manfred auf. „Im blauen Feld seht ihr Sternenbilder und im weißen Band die Sternzeichen. In den Ecken sind die Elemente Erde, Feuer, Wasser und Luft. Findet ihr euer Sternzeichen?"

„Ich hab's. Da ist der Skorpion", zeigt David hin.

„Und da ist der Widder", findet Anna auch ihres.

„Kinder, ich habe eine Idee. Wenn ihr einmal länger aufbleiben dürft und der Himmel klar ist, dann können wir uns die Sterne ansehen und gemeinsam Geschichten ausdenken. Was haltet ihr davon?"

„Ja", freuen sich Anna und David riesig über den Vorschlag.

Entwirf dein eigenes Sternenbild. Welches Muster hat es? Welche Geschichte erzählt es?

Während die Kinder an der Decke die Sternenbilder bestimmen, erzählt ihr Onkel: „Stellt euch vor, euer Boot schaukelt vor Hunderten von Jahren auf dem Meer hin und her. Es ist finster, eiskalt und ihr habt keine Ahnung, wo ihr seid. Um den richtigen Weg zu finden, haben sich Seefahrer deshalb an den Sternen orientiert. Das Interessante ist ja, dass sich die Form der Sternenbilder nie verändert."

Manfred erklärt den Kindern noch, was im Saal sonst zu sehen ist. Er zeigt auf die Waffen an den Wänden und beschreibt, aus welcher Zeit sie sind und warum sie hier hängen. Dabei ist er allerdings unvorsichtig und gelangt zu weit über die Absperrung. Und dann passiert genau das, wovor er vorher noch gewarnt hat.

„Biep! Biep! Biep!"

Der Alarm wurde ausgelöst. Was für ein Schreck.

Manfred versinkt vor lauter Scham fast im Boden. Er bekommt nur ein leises Wort aus dem Mund: „Ups."

Damit ist aber nicht genug. Es wird noch peinlicher. Plötzlich geht der Lautsprecher an und ein Mann spricht mit kräftiger Stimme: „Der Herr mit dem blauen T-Shirt, bitte halten Sie mehr Abstand zu den Objekten."

Manfred ist rot im Gesicht wie eine Tomate. „Hilfe, ist das peinlich", gibt er geknickt von sich.

„Kommt das auch in unser Buch?", stupst Anna ihren Onkel an.

„Wir behalten das lieber für uns und verschwinden am besten schnell wieder von hier."

Die Kunst- und Wunderkammer

Station 3

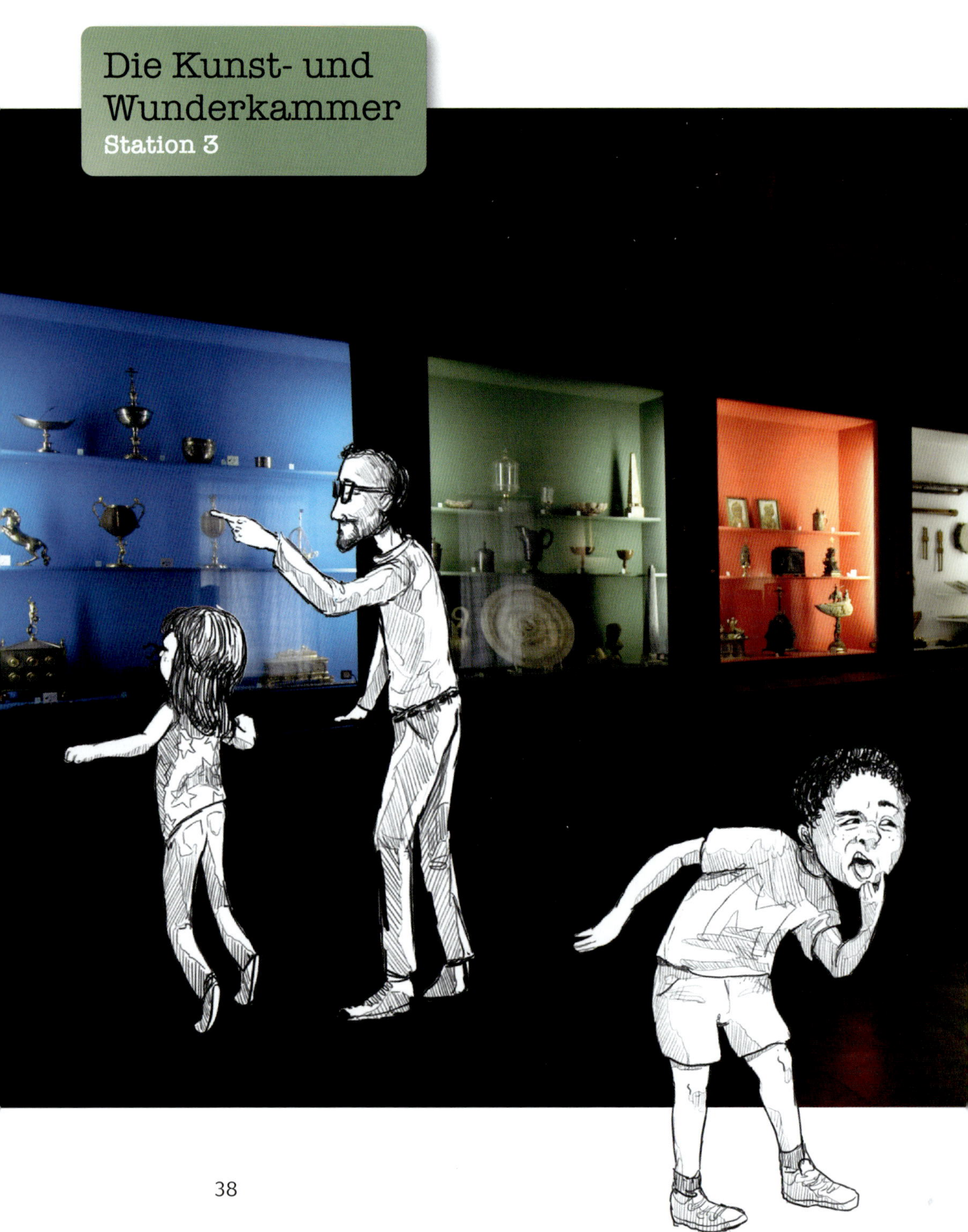

Durch die schwere, große Eisentür gelangen die drei zu ihrer nächsten Station.

„Mmhm", atmet David tief durch, „hier riecht es nach Holz."

„Schau, David, so viele tolle Sachen", staunt Anna.

„Wie ich euch gestern erzählt habe, hat Ferdinand viele Schätze aus der ganzen Welt gesammelt. Er hat sie nach Materialien geordnet und ausgestellt."

„Für das alles hier braucht's doch ziemlich viel Knete, oder?", fragt Anna.

„Ferdinand hat viel gekauft, bekam aber auch einiges geschenkt", lässt Manfred die Kinder wissen, die sich in der Kammer kaum sattsehen können. „Er hat sich aber auch durch sein ständiges Sammeln verschuldet."

Sie gehen ein paar Schritte.

„Und hier sind die originalen Gemälde von Ferdinand und Philippine. Die Bilder habe ich euch gestern gezeigt."

Während Anna sich die Gemälde der beiden genauer ansieht, hat David etwas entdeckt. „Was ist das da drüben? Das ist unheimlich", schüttelt er sich.

Stell dir vor, dir gehört Schloss Ambras und es ist noch leer. Was würdest du alles sammeln und dort ausstellen?

Anna geht näher heran. Im Gegensatz zu ihrem Bruder mag sie Gruseliges sehr. „Da sind nackte Knochen und es fehlen ein paar Zähne."

„Das nennt man Skelett", grinst Manfred. „Das hier ist ein Tödlein. Die Figur ist etwas vom Wertvollsten hier. Sie ist nämlich aus einem einzigen Stück Holz geschnitzt."

„Wie geht das denn, bitte?", wundert sich Anna.

„Das ist eine gute Frage." Manfred kratzt sich am Hinterkopf. „Die Figur hat ein Bildhauer aus Bayern geschnitzt, wahrscheinlich für den Uropa von Ferdinand, Kaiser Maximilian I. Er hat sicher winziges Werkzeug verwendet und sehr lange daran gearbeitet."

Die Kinder staunen.

„Die Figur zeigt den Tod als Jäger mit Pfeil und Bogen. Sie soll daran erinnern, dass der Tod immer lauert und das Leben schnell vorbei sein kann."

„Das stimmt", bestätigt David, „die Menschen sind früher viel jünger als heute gestorben."

Anna ist schon einen Bereich weiter und freut sich: „So ein schönes Pferd."

„Das Pferd ist aus vergoldetem Silber", erklärt Manfred.

„Wie viel kostet es?" Anna präsentiert gleichzeitig stolz ihre Geldtasche: „Ich habe 29 Euro und 11 Cent." Sie zieht ihre Mundwinkel wieder nach unten: „Das ist zu wenig, oder?"

„Das reicht nicht. Und die Sachen hier sind auch nicht zum Verkauf", tröstet Manfred seine Nichte und klopft ihr auf die Schulter. „Aus dem Pferd kann aber übrigens getrunken werden. Der Kopf lässt sich beim Hals abnehmen."

„Wow", sagen die Kinder gleichzeitig.

„So etwas heißt Scherzgefäß. Das hat auf den Festen von Ferdinand für Unterhaltung gesorgt und sicher für den ein oder anderen Scherz."

„Schau, David, da ist Obst", zeigt Anna in die nächste Vitrine.

„Da würde ich gerne reinbeißen", läuft Manfred das Wasser im Mund zusammen. „Aber nicht in dieses Obst. Es ist aus bemaltem Marmor.

Unter echtes Obst gemischt, sollte es die Festgäste zum Staunen bringen. Hoffentlich hat es keine bösen Überraschungen gegeben."

Welche Zeit zeigt die
Uhr im Schiff?

„Das Schiff hier möchte ich unbedingt haben", sagt David.

„Ich auch", schwärmt sein Onkel. „Es ist sehr wertvoll. Es ist ein Automat."

„Kommt da was raus?", fragt Anna. „Kaugummi? Oder ein kleiner Ball?"

Diesmal ist David ganz nah. Er rätselt, was das Schiff wohl alles kann.

„Zu jeder vollen Stunde bewegt sich das ganze Schiff, und auch die einzelnen Figuren machen was", erklärt Manfred. „Der große Mann dreht seine Augäpfel, der Hintere rudert, der Vordere bewegt seinen Kopf und der Affe ganz vorne gibt die Hände zum Mund, um in einen Apfel zu beißen."

David stellt sich vor, wie das Schiff auf dem Boden seine Runden dreht und vor sich hin rattert. „Schaut, in dieser Öffnung kann es mit einem Schlüssel wie eine Uhr aufgezogen werden", freut er sich über seine Entdeckung.

„Zur Zeit von Ferdinand und Philippine haben die Menschen es sehr bewundert, wenn jemand etwas zum Leben erweckt hat, das eigentlich gar nicht lebt", ergänzt Manfred.

„Boah, ist das ein riesiges Tier“, staunt Anna vor dem Bild, das 2,5 Meter breit und 1,7 Meter hoch ist.

„Das Schwein war genauso groß wie hier“, weiß Manfred. „Wir hätten alle drei in seinem Bauch Platz. Ferdinand hat viele Tiere malen lassen, weil er sie sehr gerne hatte.
Anna, da hat er mit dir was gemeinsam.“

Das freut das Mädchen sehr.

Welche Tiere hast du gerne? Stell dir vor, sie wären jetzt bei dir!

„Was ist das für ein Stuhl?“, möchte David wissen. „Und wieso sind diese Eisendinger in der Mitte?“

„Der Stuhl wurde auf den Festen im Schloss verwendet. Er stand wahrscheinlich in der Bacchus-Grotte. Das wird unsere nächste Station sein. Wenn du dich niedersetzt, gehen automatisch die Sperren bei den Armen und den Oberschenkeln auf. Dann bist du eingesperrt und kannst nicht mehr raus.

„Was ist dann?“, fragt Anna neugierig. „Wirst du dann gefoltert?“

„Nein“, lacht ihr Onkel, „du wirst erst wieder befreit, wenn du ein Gefäß mit Wein mit einem Mal ausgetrunken hast.“

„Also haben sie da gesoffen?“, fragt das Mädchen und schüttelt gleichzeitig den Kopf. „Erwachsene, Erwachsene.“

„Du hast recht“, grinst Manfred, „das hier sind die Gefäße.“

„Männer mussten das Glas links austrinken, Frauen das Glas rechts“, zeigt Manfred. „Wenn du bestanden hast, wurdest du wieder befreit und durftest dich ins Ambraser Trinkbuch eintragen. Ferdinand, Philippine und Adelige, Prinzessinnen und Bischöfe aus ganz Europa haben darin unterschrieben.“

„Ach, wenn du schon hier bist und nicht rauskannst ...“

„So etwas habe ich auch, nur in kleiner“, ist David überrascht, als er in der Vitrine daneben dieses Werkzeug entdeckt.

Manfred holt seinen Schlüsselbund aus der Hosentasche und präsentiert sein Schweizer Messer, das daran baumelt. „Ich auch“, ist er stolz.

„Das hier in der Vitrine ist der Vorgänger, nur größer. Der Werkzeugkasten ist schon über 400 Jahre alt.“

„Die Feilen sind ja riesig.“ Anna lacht. „Damit haben sie sicher die Hufe vom Riesenschwein bearbeitet.“

Wie heißen der Bruder und der Vater von Madeleine?

„Was ist im Gesicht des Mädchens?“, fragt Anna, als sie das Bild sieht.

„Das ist Madeleine Gonzalez. Ihr Gesicht und ihr ganzer Körper sind komplett behaart. Auch ihr Vater und ihr Bruder hatten dieses besondere Merkmal.“

„Sie trägt ein sehr schönes Kleid“, findet Anna. „Und tollen Schmuck mit Diamanten und Perlen.“

„Die Familie Gonzalez galt als Wunder der Natur. Deshalb haben sie viele Menschen bestaunt. Die Kinder und ihr Vater traten wie eine Attraktion auf.“

„Ich glaube, dass sie das nicht immer gefreut hat“, vermutet David.

„Onkel Manni, du hast gesagt, dass Madeleine überall Haare hatte. Wieso sind an ihren Händen keine?“, möchte Anna wissen.

„Das hast du gut beobachtet. Auch ihr Vater und ihr Bruder sind an den Händen unbehaart. Wahrscheinlich hat der Maler die Familie nie in echt gesehen.“

„Oh, mein Gott“, erschrickt Anna, als sie das nächste Bild sieht. Auch David ist schockiert.

„Jetzt seht ihr, wie gefährlich Ritterturniere sein konnten.“ Auch Manfred lässt das Bild nicht kalt.

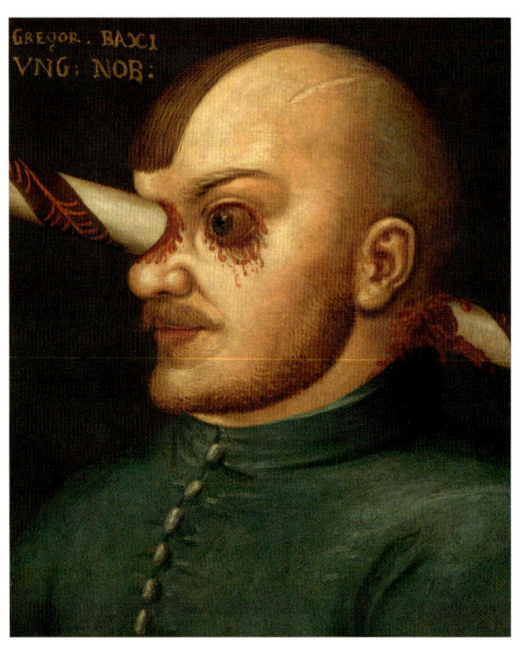

„Was ist da passiert?“, fragt Anna.

„Der Mann wurde von einer Lanze durchbohrt. Der Legende nach soll das Edelmann Gregor Baci aus Ungarn sein. Der Unfall ist bei einem Turnier passiert. Puh“, schnauft Manfred tief durch, „ich hoffe nicht, dass sich Gregor vor dem Turnier gefreut hat, dort viel Spannendes zu erleben.“

Die Kinder schütteln sich erneut.

„Die Geschichte geht übrigens noch weiter. Gregor soll nach dem Unfall mit der Lanze im Kopf noch gelebt haben.“

„Wie geht das denn, bitte?“ Anna ist noch mehr erstaunt.

„Die Lanze hat keine lebenswichtigen Bereiche des Gehirns getroffen. Dann konnte er tatsächlich noch leben.“

„Wo ist sein Auge hin? Steckt es im Kopf drinnen? Konnte er damit noch sehen?“ Anna löchert ihren Onkel mit Fragen.

David hingegen verhält sich schon eine Weile auffällig ruhig. Sein Gesicht ist ganz blass.

Manfred reagiert sofort und lenkt die Kinder ab: „Seht ihr den Schnauzermann hier? Auch zu ihm gibt es eine Geschichte."

„Sein Schnauzer ist viel größer als deiner, Onkel Manni“, stellt Anna fest. „Und er ist sehr gerade.“

„Ferdinand hat Gemälde von besonderen Menschen gesammelt. Auch wenn sie negative Merkmale hatten.“

„Wer ist das?“, möchte David wissen.

„Das ist der Heerführer Vlad, der im 15. Jahrhundert im heutigen Rumänien lebte. Vor ihm haben sich viele gefürchtet, da er seine Gegner grausam getötet hat. Später hat ihn ein Schriftsteller als Vorbild für sein Buch über Graf Dracula genommen. Was Dracula macht, wisst ihr ja, oder?“

„Dracula ist ein Vampir, der in der Nacht Blut saugt und Menschen umbringt“, erzählt Anna stolz.

Welche besonderen Menschen gibt es in deinem Leben? Wen möchtest du gerne einmal kennenlernen und warum?

Auf einmal bewegt sich Manfred auf seine Nichte zu und zeigt seine Schneidezähne: „Wenn ich schon kein Obst bekomme, dann hole ich mir dein leckeres Blut.“

Das lässt sich Anna nicht gefallen. Sie faucht ihren Vampironkel an und erschreckt ihn, sodass er sich eingeschüchtert wieder zurückzieht.

Welche Tiere außer den Haien hängen noch von der Decke?

„Da hängen Haie", staunt David auf einmal.

„Haie hat in Tirol zur Zeit von Ferdinand bestimmt noch niemand gesehen", vermutet Manfred. „Deshalb hat sie Ferdinand in seine Sammlung aufgenommen."

Anna, David und Manfred verlassen daraufhin die Kunst- und Wunderkammer und gehen Richtung Bacchus-Grotte.

„Habt ihr bis jetzt alles verstanden und gut aufgepasst? Am Ende unserer Tour schreiben wir dann den Test."

Den Kindern verschlägt es die Sprache.

„Einen Test?"

„Haben euch das eure Eltern nicht erzählt?"

Nach ein paar Sekunden biegt Manfred sich vor lauter Lachen: „Ihr hättet eure Gesichter sehen sollen!“

„Na warte.“ Anna stürzt sich mit David auf ihren Onkel, da er sie reingelegt hat.

„Was ist das
denn für eine
hässliche
Kuh?"
„Das machen
jetzt immer
mehr. Sie
bestellen
irgendwas und
lassen es dann
zu sich bringen.“

Die Bacchus-Grotte

Station 4

„Brr, hier ist es gruselig“, findet David, als er durch das große Gitter in die Grotte blickt.

„Mit Fackeln ist es doch gemütlich, oder?“, meint Manfred.

„Hier haben sie also im Eisenstuhl Wein getrunken, den du uns vorher gezeigt hast", ist Anna schon beim Thema.

„Du hast recht. Bacchus ist der antike Gott des Weines. Ferdinand hat, wie in der Antike, viele rauschende Feste gefeiert, auf denen die Gäste sicher auch etwas übertrieben haben."

„Mir ist kalt", schüttelt sich Anna.

„Ja, hier ist es sehr kühl. Die Grotte wäre der perfekte Kühlschrank. Vielleicht hat es sich hier Schlossgespenst Bartlmä gemütlich eingerichtet. Er versteckt sich nämlich gerne, damit ihn niemand stört."

„Wohin gehen wir als Nächstes?", fragt David.

„Es geht weiter ins Hochschloss."

Manfred geht voraus. Die Kinder bleiben etwas zurück und tuscheln miteinander. Es sieht so aus, als würden sie etwas im Schilde führen. Dieses Sprichwort kommt übrigens aus der Ritterzeit: Damals hatte jede adelige Familie ein eigenes Wappen, das die Familienmitglieder auch auf ihren Schilden führten. Das Sprichwort wird heute verwendet, wenn jemand etwas heimlich plant.

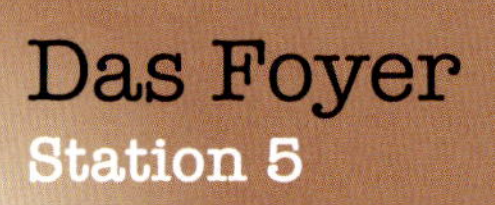

Das Foyer
Station 5

Aus welchen Ländern sind die Sachen, die Ferdinand gesammelt hat? Gehe hierfür zur großen Weltkarte.

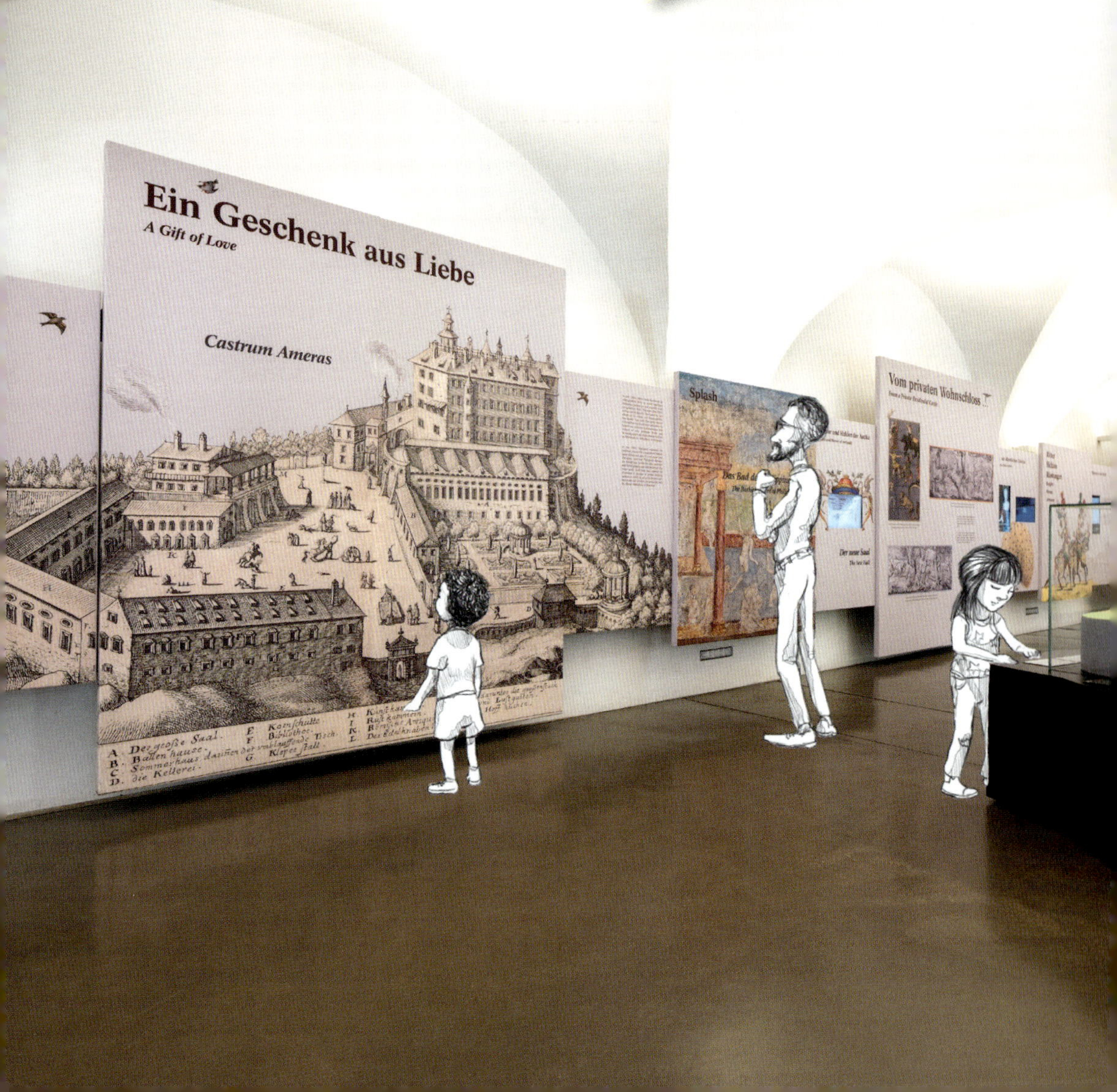

„Wieso steht hier *Foier?*“, rätselt David vor der großen Glastür ins Foyer, der großen Eingangshalle.

„Machen wir hier Feuer?“ Auch Anna tut ahnungslos. „Ist das nicht gefährlich? Geht dann nicht wieder der Alarm los?“

„Hoffentlich passiert das nicht noch einmal“, meint David. „Das war ziemlich peinlich vorhin.“

Manfred wird wieder rot im Gesicht. Er versucht sich aber nichts anmerken zu lassen. „Nein, Kinder, hier gibt es kein Feuer. Das Wort ist Französisch und wird *Fäujee* ausgesprochen.“

Während ihr Onkel weiter erklärt, zwinkern sich David und Anna zu.

„Reingelegt!“, rufen sie dann gleichzeitig mit Schadenfreude. „Du hättest das gar nicht erklären müssen.“

„Ihr habt mich voll erwischt“, gibt sich Manfred geschlagen.

Im Foyer erkunden die drei die Geschichte des Schlosses und lernen die Familien von Ferdinand und Philippine näher kennen.
Sie erfahren auch, aus welchen Ländern die Sachen kommen, die Ferdinand gesammelt hat.

Auf einem großen, alten Bild an der Wand entdecken Anna und David viele kleine Menschen. Sie schauen, was die alles machen.

„Zur Zeit von Ferdinand und Philippine lebten im Schloss 200 Menschen“, erzählt Manfred den Kindern.

„Was haben die so gemacht?“, fragt David nach.

„Es hat Adelige und Berater gegeben, die Ferdinand nahestanden, und Personen, die sich um die Aufgaben im Schloss kümmerten: Köchinnen, Schmiede, Gärtner, Dienstmädchen, Ärzte, Apotheker, Wäscherinnen, Maler, Näherinnen und viele mehr. Jeden Tag haben rund 100 Menschen an einer riesigen Tafel gegessen. Jeder hat insgesamt 24 Speisen bekommen."

„Woher hatten sie so viel Essen?", fragt Anna.

„Die Bauernhöfe und Dörfer der Umgebung mussten Abgaben an das Schloss leisten. Es hat auch große Lieferungen von Fisch, Früchten, Fleisch und Wein von weither gegeben. Kommt, Kinder, wir gehen weiter in den Spanischen Saal. Vamos!"

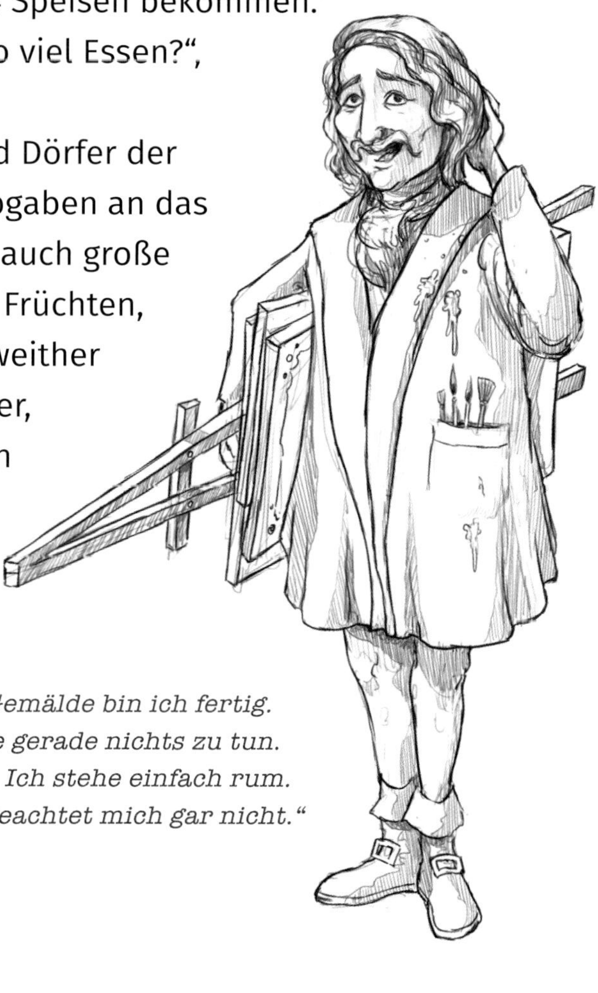

„Mit Philippines Gemälde bin ich fertig.
Hm, ich habe gerade nichts zu tun.
Ich stehe einfach rum.
Beachtet mich gar nicht."

Der Spanische Saal
Station 6

David und Anna sind sehr beeindruckt.

„Der Saal ist 43 Meter lang“, klärt Manfred auf. „Partys wurden hier allerdings keine gefeiert. Ferdinand hat den Saal nur benutzt, um seine Gäste zu beeindrucken.“

„Ah, Ferdinand, der alte Angeber“, stellt Anna fest.

„Ja“, lacht ihr Onkel. „Feste hat es natürlich gegeben, im Schloss und auch in Innsbruck. Dort hat unter anderem Musik gespielt und Hofnarren und Zwerge wie das Thomele haben Kunststücke und Späße vorgeführt.“

Manfred kommt ins Schwärmen, als er sich vorstellt, wie es damals wohl zuging.

„Lasst uns ein Tänzchen machen“, fordert er die Kinder dann auf.

Anna, die tanzen liebt, legt los und Manfred und David tänzeln ihr hinterher.

Manfred verrät den Kindern lieber nicht, dass auch hier im Saal Kameras sind und sie beobachtet werden. Sonst wäre es auch nur halb so lustig.

Feiere ein (historisches) Fest! Wen lädst du ein? Was feierst du? Was gibt es zum Essen und Trinken? Wie unterhältst du deine Gäste?

MARGARITA
MAVLTASCHIA.
ISTA SVAS COMITVM LAVDES EXTREMA, TIROLIS
AVSTRIACIS AGRVM TRADENDO FRATRIBVS AVXIT.

Während ihres Tanzes sieht sich Anna die Tiroler Landesfürsten an der Wand an. Plötzlich bleibt sie stehen: „Da ist ja eine Frau."

„Das ist Margarethe", erklärt Manfred. „Sie war die Gräfin von Tirol. Sie hat das Land den Habsburgern gegeben, und so wurde es Teil des späteren Österreich. Sie war eine starke Frau, die ihren Mann vertrieben hat. Später hat sie den negativen Beinamen Maultasch bekommen."

„Mir ist langweilig. Hast du die zwei Kinder und den Mann mit den dunklen Haaren gesehen? Ich hätte sie so gerne erschreckt."

„Ja, ich auch. Mir ist auch langweilig. In einer halben Stunde schließt das Museum, dann können wir endlich wieder Party machen."

Dann bleibt Manfred plötzlich stehen.

„Kinder, wir könnten etwas spielen. Ich suche mir einen Landesfürsten aus, stelle ihn nach und ihr erratet, wer es ist. Dann wechseln wir uns ab.“

Nach mehreren lustigen Einlagen gehen die drei wieder zurück und gelangen über die Wendeltreppe in den Garten.

Philippines Garten

Station 7

„Ah“, atmet Anna tief durch, „ich liebe diesen Gestank.“

„Du meinst wohl Geruch“, grinst Manfred. „Ja, hier duftet es nach frischen Kräutern und Blumen.“

Die drei blicken gemeinsam in den Garten und finden heraus, was sie kennen und was nicht.

„Am liebsten mag ich Lavendel“, sagt David.

„Philippine hat eine Menge über Kräuter und ihre Heilkraft gewusst“, berichtet Manfred. „Sie hat sich um Kranke gekümmert, sogar aus der einfachen Bevölkerung. Philippine hat auch selbst gekocht. Ihre Mutter Anna hat ihr aus ihrer Heimatstadt Augsburg ein Kochbuch mitgebracht. Darin sind leckere Rezepte enthalten, zum Beispiel von Mandelkuchen.“

„Hm, Kuchen“, läuft David das Wasser im Mund zusammen.

„Was kommt jetzt?“, fragt Anna.

„Unsere nächste Station ist das Bad von Philippine“, antwortet ihr Onkel.

„Hoffentlich ist es geputzt, wenn das schon so alt ist“, meint das Mädchen kritisch.

Koche etwas nach einem alten Rezept. Was gibt es Leckeres?

Philippines Bad
Station 8
N° 36.

„Hier hat es einen ganzen Bereich für Wellness gegeben“, erklärt Manfred im ersten Raum. „Dazu gehörten ein Heiz- und ein Schwitzraum, ein Umkleide- und ein Ruheraum und die Badestube mit der Badewanne. Der Raum hier ist sehr schön bemalt. Dort oben seht ihr einen Jungbrunnen.“

„Was ist das?“, fragt Anna.

„In einem Jungbrunnen gehen alte Menschen hinein und kommen jung wieder heraus“, klärt ihr Onkel sie auf.

Als die drei weiter in die Badestube zum Pool wollen, gibt es an der Tür ein kleines Problem.

„Haha! Onkel Manni, du hast gar nicht Platz. Du musst draußen bleiben“, witzelt Anna schadenfroh.

Tatsächlich passt Manfred mit seinen 1,87 Metern Größe nicht ganz durch die Tür. Diese ist nämlich kleiner als er.

„Du darfst doch mitkommen, musst dich halt bücken“, ist seine Nichte großzügig. „Wenn dir aber was passiert, haftest du für dich selber, weil du ein Erwachsener bist.“

„Das stimmt“, grinst Manfred.

In der Badestube blicken die Kinder gespannt in die Badewanne.

„Dort unten auf dem Hocker hat Philippine gesessen und sich gebadet", erzählt Manfred. „Die Wanne ist 1,6 Meter tief."

„Wie ist sie hier überhaupt hineingekommen?", möchte Anna wissen. „Ich würde Anlauf nehmen und springen."

„So geht es auch", lacht Manfred, der sich das gerade bildhaft vorstellt. „Philippine ist hier vorne über Stufen hinuntergegangen. Die gibt es heute nicht mehr."

„Und wo kam das Wasser her?", fragt David.

„Das Wasser ist vom Garten draußen über eine Leitung hierher geflossen", zeigt Manfred durch das Fenster hinaus. „Im Heizraum wurde es durch einen Ofen erhitzt und ist dann hierher geronnen. Angestellte haben immer wieder heiße Steine in die Wanne gelegt, um das Wasser warm zu halten."

„Philippine hat dann sicher schrumpelige Finger bekommen", schmunzelt Anna, während sie ihre Finger abtastet.

„Die kenne ich auch", lacht ihr Onkel.

Auch David schaut auf seine Finger.

„Kinder, kommt mit. Ich möchte euch noch den Innenhof zeigen." Manfred blickt nochmals zur Badewanne und vergisst dabei etwas.

Bam!

„Au", ruft er. Er ist mit dem Kopf gegen den Türrahmen geknallt.

„Oje, hat es wehgetan?", fragt David besorgt.

„Es geht schon. Jetzt weiß ich wieder, dass ich mich bücken sollte."

Der Innenhof
Station 9
Finde die drei
grünen Papageien!

Die Kinder sehen neugierig auf die vielen Malereien. Der Innenhof ist mit allerhand Personen, Tieren, Figuren und Mustern kunstvoll bemalt.

„Was gibt's hinter den Fenstern?", fragt Anna, die für neue Entdeckungen immer motiviert ist.

„Dort haben Philippine, Ferdinand, ihre Kinder Andreas und Karl und noch andere Personen gewohnt. Jetzt sind dort viele Gemälde, wertvolle Gläser und eine Ausstellung zu einem besonderen Thema, das mindestens einmal im Jahr wechselt. Eine Kapelle gibt es auch."

Manfred entscheidet mit den Kindern, dass sie die Stationen heute nicht mehr besichtigen. Sie freuen sich auf ihre Jause, da sie Hunger und Durst haben.

„Kinder, ich zeige euch noch etwas. Seht ihr die Kutsche mit den zwei Pferden? Darauf sitzt Bacchus, der Namensgeber der Grotte. Hinter ihm folgt ein Umzug mit Menschen und Fabelwesen, die tanzen und musizieren."

Dann gehen David, Anna und Manfred zurück zur Kassa und holen ihre Rucksäcke. Sie suchen sich einen gemütlichen Platz zum Sitzen.

Entwirf dein eigenes Schloss.
Wie setzt es sich zusammen?
Wo befindet es sich?
Was passiert dort alles im
Laufe eines Tages?
FERDINANDUS II. ARCHIDUX AUSTRIAE

Manfred packt für alle belegte Semmeln, frische Erdbeeren und selbst gemachten Holundersaft aus. Während die drei es sich schmecken lassen, stolziert ein Pfau vorbei und breitet seine Federn in voller Pracht aus.

„Das war ein sehr netter Ausflug“, meint Anna, nachdem sie alle den Pfau bestaunt haben.

„Was hat euch besonders gut gefallen?“, fragt Manfred.

„Alles“, strahlt Anna, während sie eine Erdbeere schmatzt.

„Das freut mich“, ist ihr Onkel zufrieden. „Es hat mir auch viel Spaß gemacht. Obwohl, der Alarm war schon ziemlich peinlich ... Was sagt ihr, wollen wir unsere Museumstour fortsetzen und ein weiteres Buch machen?“

„Ja“, jubeln Anna und David gleichzeitig.

„Wir könnten den Ort besuchen, wo Ferdinand und Philippine begraben liegen: die Hofkirche in Innsbruck. Dort sind auch das Grab von Kaiser Maximilian I., dem Uropa von Ferdinand, und 28 riesige Statuen aus Bronze.“

Und so freuen sich Anna, David und Onkel Manni schon sehr auf ihr nächstes Abenteuer.

Wissen kompakt

Schloss Ambras Innsbruck

- Erzherzog Ferdinand II. ließ das Schloss in den 1560er-Jahren bauen. Vorher stand dort eine Burg aus dem Mittelalter. Er lebte als Tiroler Landesfürst mit seiner Frau Philippine und den Kindern Andreas und Karl im Schloss. 200 Menschen kümmerten sich um die dortigen Aufgaben.

- Im Schloss sind Rüstungen, Waffen, Gemälde und wertvolle Gegenstände aus der ganzen Welt ausgestellt. Ferdinand hat sie mit Leidenschaft gesammelt.

„Ich bin's. David, der furchtlose Ritter!“

- Ferdinand feierte viele Feste mit prominenten Gästen aus ganz Europa. Im Schloss wurde es ruhiger, als Philippine (1580) und Ferdinand (1595) verstarben.

- Das Schloss ist das älteste Museum der Welt. Ferdinand nannte die Gebäude, in denen er seine gesammelten Dinge ausstellte, bereits Museum.

- Das Schloss ist eine der schönsten Sehenswürdigkeiten in Österreich und wird jedes Jahr von über 100.000 Menschen besucht.

- Im Jahr 2022 lebten im Schlosspark vier Pfauen-Paare, davon eines weiß,
ein Schwanen-Paar, 20 Enten
und das ein oder andere Eichhörnchen.

Erzherzog Ferdinand II.

GEBOREN: 14. Juni 1529 in Linz
GESTORBEN: 24. Jänner 1595 in Innsbruck
GRAB: Silberne Kapelle, Hofkirche in Innsbruck

Familie

MUTTER: Anna von Böhmen und Ungarn
VATER: Kaiser Ferdinand I.
GESCHWISTER: Elisabeth, Maximilian (Kaiser Maximilian II.), Anna, Maria, Magdalena, Katharina, Eleonore, Margarethe, Johann, Barbara, Karl, Ursula, Helena, Johanna
EHEFRAUEN: Philippine Welser (⚭ 1557), Anna Caterina Gonzaga (⚭ 14. Mai 1582)
KINDER: Veronica, Christof (beide unehelich); mit Philippine: Andreas, Karl, Philipp, Maria; mit Anna Caterina: Anna Eleonore, Maria, Anna (Kaiserin Anna von Tirol)

Wissenswertes

- Von 1547 bis 1567 wirkte Ferdinand in Prag als oberster Verwalter (Statthalter) von Böhmen.
- Im Jahr 1567 zog er als Landesfürst nach Tirol.
- Auf Schloss Ambras gründete er eine riesige Sammlung an Schätzen aus der ganzen Welt.
- Er konnte fünf Sprachen: Deutsch, Böhmisch, Latein, Italienisch und Polnisch.

Philippine Welser

GEBOREN: 1527 in Augsburg
(das genaue Datum ist nicht bekannt)
GESTORBEN: 24. April 1580
in Innsbruck
GRAB: Silberne Kapelle,
Hofkirche in Innsbruck

Familie

MUTTER: Anna Adler
VATER: Franz Welser
GESCHWISTER: Benigna,
Karl, Hans Georg
EHEMANN: Erzherzog Ferdinand II. (⚭ 1557)
Kinder: Andreas, Karl, Philipp, Maria

Wissenswertes

- Sie war keine Adelige, sondern die Tochter eines Kaufmannes, deshalb heiratete sie Ferdinand heimlich. Sie lebte damals bei ihrer Tante Katharina von Loxan im heutigen Tschechien. Philippine und Ferdinand mussten ihre Ehe lange geheim halten.

- Ferdinand schenkte ihr Schloss Ambras.
- Die Zwillinge Philipp und Maria starben als Babys.
- Von ihrer Mutter bekam sie ein Kochbuch, das es heute noch gibt.
- Sie kümmerte sich um Kranke aus der einfachen Bevölkerung und genoss deshalb hohes Ansehen.

Kardinal Andreas von Österreich

GEBOREN: 15. Juni 1558 auf Schloss Březnice im heutigen Tschechien
GESTORBEN: 12. November 1600 in Rom
GRAB: Kirche Santa Maria dell'Anima in Rom

Familie

MUTTER: Philippine Welser
VATER: Erzherzog Ferdinand II.
KINDER: Hans-Georg, Susanna

Wissenswertes

- Niemand durfte erfahren, wer die richtigen Eltern von ihm und seinem Bruder Karl waren. Deshalb wurden beide kurz nach ihrer Geburt vor das Schlosstor gelegt. So konnte sie Philippine als Findelkinder aufnehmen.
- Er und Karl erhielten Privatunterricht in Religion, in den Sprachen Deutsch, Latein, Italienisch, Französisch und Flämisch sowie in Tanzen, Reiten und Fechten. Der Unterricht interessierte die beiden aber wenig.
- Im Jahr 1576 ernannte ihn der Papst zum Kardinal. Zuvor musste er einen Stammbaum vorlegen. Die Ehe seiner Eltern konnte dadurch nicht mehr verborgen werden.
- Andreas war auch Bischof von Konstanz und Brixen.
- Seine Kinder wuchsen bei seinem Bruder auf.

Karl von Burgau

GEBOREN: 22. November 1560 auf der Burg Křivoklát im heutigen Tschechien
GESTORBEN: 30. Oktober 1618 in Überlingen
GRAB: Pfarrkirche St. Martin in Günzburg

Familie

MUTTER: Philippine Welser
VATER: Erzherzog Ferdinand II.
EHEFRAUEN: Sibylle von Jülich-Kleve-Berg (⚭ 1601), Chiara Elisa di Ferrero (⚭ ?)
KINDER: Anna Elisabeth, Karl, Ferdinand (mit Chiara Elisa), eine Tochter und zwei Söhne (unehelich)

Wissenswertes

- Er bekam eine militärische Ausbildung und nahm später als Oberst, Generalleutnant und Feldmarschall an mehreren Kriegen in Europa teil.

- Sein Vater vererbte ihm seine gesammelten Dinge auf Schloss Ambras. Er wusste damit wenig anzufangen und verkaufte sie im Jahr 1607 an Kaiser Rudolf II. in Wien.
- Ihm gehörten die Markgrafschaft Burgau, die Landgrafschaft Nellenburg und die Grafschaft Hohenberg.
- Seine Frau Sibylle war seine Cousine

Hier kommen die Infos und die Bilder her

„Du, Manni", blickt David zu seinem Onkel, „hast du das eigentlich alles auswendig gewusst, was du uns im Schloss erzählt hast und was im Buch steht?"

„Ja", nickt Manfred stolz, gibt aber zu: „Okay, nicht ganz. Ich habe manchmal heimlich die Beschriftungen im Schloss gelesen. Für unser Buch habe ich auch Infos aus anderen Büchern und aus dem Internet geholt."

Das sind die Bücher:

Joseph Hirn, Erzherzog Ferdinand II. von Tirol. Geschichte seiner Regierung und seiner Länder. 2 Bücher. Innsbruck 1885–1888.

Philippine Welser & Anna Caterina Gonzaga, die Gemahlinnen Erzherzog Ferdinands II. Katalog zur Ausstellung auf Schloss Ambras vom 24. Juni bis 31. Oktober 1998. Innsbruck 1998.

Michael Forcher, Erzherzog Ferdinand II. Landesfürst von Tirol. Sein Leben. Seine Herrschaft. Sein Land. Innsbruck 2017.

„Und auch zwei Expertinnen haben mir manches erzählt", fährt Manfred fort.

„Die zwei sind Veronika Sandbichler, die Direktorin vom Schloss, und Katharina Seidl, die dort Ausstellungen macht und Führungen organisiert."

„Wie sehen die beiden aus?", ist Anna neugierig.

Manfred zeigt den Kindern Fotos von ihnen im Internet.

„Sie sind nett", lächelt Anna.

„Und woher hast du die Bilder im Buch?", fragt David.

„Die habe ich bei der Direktorin bestellt. Einige habe ich auch mit dem Fotografen Wolfgang Lackner gemacht."

Manfred zeigt den Kindern ein Foto von Lackner, der ihnen ebenfalls gut gefällt. „Damit wir die Bilder verwenden dürfen, müssen sie genau beschrieben werden."

Das ist die Liste:

©KHM-Museumsverband: Seiten 14, 16, 18, 24, 26, 28, 32, 34–35, 38, 40, 42–44, 46–50, 52, 54, 56, 60, 62, 64, 66, 68, 72, 74, 76, 78, 80, 82, 85, 87, 89, 90.

Lukas Vogl: Seite 95.

Manfred Schwarz: Seiten 6, 20, 80, 94.

Tina Dür: Seite 12.

Wolfgang Lackner: Seiten 62, 66, 72, 74, 76, 78.

Die Aufzählung interessiert die Kinder nicht.
Deshalb erzählt Manfred ihnen mehr davon,
was sie in der Hofkirche in Innsbruck erwartet.
Ihre Neugier und Freude steigen mehr und mehr.

Das ist der Autor:

Ich heiße:

Manfred Schwarz

Ich komme aus: Südtirol

Ich lebe in: Innsbruck

Das mache ich so:
Bei Führungen im Museum zeigen, was es dort alles zum Entdecken gibt; in der Vergangenheit forschen; Bücher schreiben; Joggen; Radfahren und die Natur genießen.

Das ist der Zeichner:

„Sieht irgendwie aus wie Lukas :)"

Ich heiße:

Lukas Vogl

Ich komme aus: Vorarlberg

Ich lebe in: Alland bei Wien

Das mache ich so:
Klettern; Zeichnen; mit meinem Hund durch Wälder und Berge streifen und seit Juli Windeln wechseln und mein Baby anlächeln.

Das sind die Lösungen der Rätsel:

SEITE 28: Der Riese Bartlmä war über 2,6 Meter groß.

SEITE 32: Auf den Schultern von Ferdinands Hochzeitsrüstung sind Löwen zu sehen.

SEITE 44: Die Zeiger stehen auf 11.27 Uhr.

SEITE 50: Madeleines Bruder heißt Enrico, ihr Vater Pedro.

SEITE 56: Von der Decke hängen ein Krokodil und ein Kugelfisch.

SEITE 62: Ferdinands gesammelte Dinge stammen aus Spanien, Portugal, den Niederlanden, dem Osmanischen Reich, Afrika, Indien, China, Japan und Amerika.

SEITE 66: Im Spanischen Saal gibt es 26 große Porträts von männlichen Tiroler Landesfürsten.

SEITE 78: Zwei Papageien sind im ersten und einer ist im zweiten Stock zu sehen.